Thich Nhat Hanh
一行禪師 著
雷叔雲 譯

回到家，我看見真心

讓家成為修行的空間

Making Space

Creating a Home Meditation Practice

目次

【譯者序】

居住的家．心靈的家

雷叔雲

「我到家了。」

「我在家了。」

這是一行禪師的著作中常見的句子，是終抵安穩之處，是跋涉生命險途的疲憊旅人最感欣慰的事。

佛法中說名（心）色（身）交相影響，心理的訊息會透過生理傳達出來，反之亦然。又說身土不二❶，也就是生命體（正報）和居住的環境（依報）密不可分，兩者也會產生互動。

從這樣的出發點，我們便了解這本小書何

譯註：

❶語出南宋僧人智圓的《維摩經略疏垂裕記》記載：「二法身下顯身土不二，由依正不二故。」二十世紀以來，已成日本有機農業和韓國飲食消費運動的響亮口號。

以請我們重新審視居家空間，把修行用心之處，融入物質空間，營造了適合的環境之後，又回過頭來有利於修行。於是，觀照自我的鏡子、交相轉化的垃圾與玫瑰、開啓正念光照的電氣開關、冰箱裡吃不完的和平蛋糕、讓人恢復清明的呼吸室、觸動內在喜悅與平靜的磬、廚房裡小而聖潔的佛壇，都會流露出非凡的意義。這樣經營外在空間來協助修行，即是把居住的家賦予精神的意義，把心靈的家用居室彰顯出來。

「我到家了」、「我在家了」同時也是巨大的隱喻，只要懷有覺知，秉持正念，當下即是安穩之處，於是處處是家，無處不可以為家，大可不必遙問鄉關何處是。心在，身就在；身在，家就在。此時此地就是我家，此人就是我的家人，我安穩了。

前言

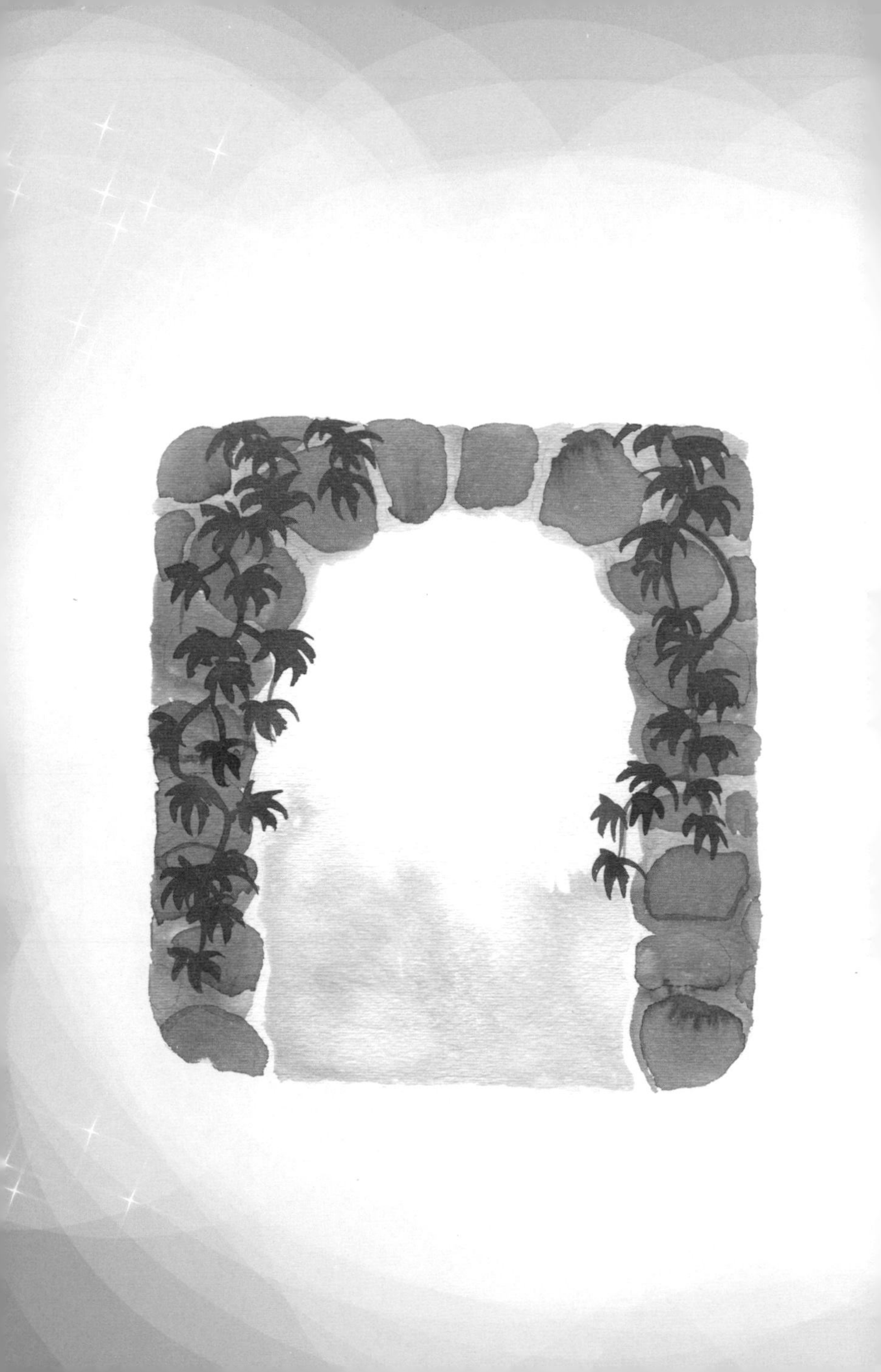

我們的心、身體和居住空間密不可分，我們的內在空間和內心平靜都受外在空間所影響。佛陀說：「心，藉由心行，是我們苦樂的首席建築師。」身體若無法處在平靜的空間中，內心也很難平靜下來。

我們只要有了一處平靜的空間，就能回到自己。這就是打造聖潔空間的用意，但是我們可不必等找到了一所教會、寺院、清真寺、猶太教堂或其他神聖靜觀的空間才能回到自己。一條小徑、人行道邊緣、一小塊草地、工作空間的一角就可以了。如能在家打造一個靜觀和修行的空間，就會有持續的平靜和喜悅。

我的專業是建築師，我觀察到每個空間都有特別的用意，你也可以這樣觀察自己的家，家並非擺設來供人拍照，或給雜誌使用，而是給自己、朋友和家人使用，這是一個給人類使用的空間。

若環顧家中，你會注意到每個房間，以及每個房間裡的每件家具，都創造了怎樣的感受。我們打造的環境會影響我們如何居住，跟彼此如何互動、互相關連。所以你把東西擺在哪裡，漆成什麼顏色，怎樣設計空間，都有用意。人們把專注力和目的性放入設計，就是這個空間裡的關懷和愛，我們會感受到那種關懷和愛，也和它聯繫起來，然後這空間又會跟我們聯繫。打造聖潔空間是為了回到自己這裡來，碰觸到內在深刻的東西，這是一種很美妙的溝通方式，因此我們需要成為這種聯繫的一部分。如果我們不與空間同在，如果我們玩手機或者心跑開了，世上最美麗的地方也不聖潔了。

我們若要打造一個聖潔的空間，首先應注意現存空間的特性。空間本身，也就是你的家，自然有一種訊息和用意，要認識你的環境，不要勉強把空間變成它不可能變成的，宿舍、閣樓、維多利亞式房子或平房都透露著不同的意圖，我們應從家的自然感受著手，看看我們能從中變出點什麼。

創造聖潔的空間不只是內心的抽象計畫，你需要用身體碰觸空間以及空間中的物品。如果你只用電腦來設計，就只會得到一個用硬線條、直角呈現、一種非常明確的東西。把紙放下來，在空間裡隨處玩一玩，像個孩子那樣動一動吧。

如何安排房間是件簡單的事，但這也顯示了你覺得最重要的是什麼。你只要做幾個簡單的練習，就可以在家中打造一處修行和重新開始的地方。你不需要很多空間；一個角落就足夠了。只要有一處平靜而開放的角落，保留下來做正念觀照，這空間便可轉化你的家。

法容法師（Brother Phap Dung）

1
停下來

打造家庭修行空間的關鍵是：創造一處忙碌止步的空間。

我們整天忙碌，回到家來還繼續忙。做飯、收拾、到處閒蕩，要不然就不想再忙下去了，想做點不用心或很簡單的事，像看電視或打個盹。然後，我們又繼續忙。

有一種方法可以讓你感覺非常清新而警醒，卻不用忙，只需要一個溫和的提示——一個地方、一個形象或一個聲音——來幫助我們回到自己的家，專注於我們內在和周遭，只要我們有一個地方以及一個方法，助我們停下來，我們會感受到當下的豐盛和喜悅。停下我們隨意進行的念頭，是禪修的第一步。

打造家庭修行空間的關鍵是：創造一處忙碌止步的空間。只要我們停下來，把心帶回身體，就可以全心專注當下所有的事情，這稱為「正念」，正念就是在此地，完全親臨，完全活出生命，不會被過去或未來的念頭、憂慮或工作計畫所阻礙。只有停下來，才能碰觸到生命，一停下來，身心就可以統一，我們可以感覺到身心一體。

停下身心的活動——只是靜靜坐著，吸氣呼氣，內心安靜，釋放緊繃和憂慮——我們就更充實、更專注、更有智慧，於是我們可以深入觀察內在和周遭的現象。釋放了緊繃和憂慮之後，就能看到快樂的因緣條件已經具足，而注意到我們已經擁有的快樂。

快樂的基礎就是正念，快樂的基本因緣條件就是覺知。如果我們不能覺知快樂，我們就不會真正快樂。當我們牙痛，我們知道沒有牙痛很美好，但我們沒有牙痛的時候，還是不快樂。沒有牙痛非常愉悅，有許多事情非常賞心悅目，但我們若沒有修習正念，就不會珍視這些事；只要修習了正念，我們便會珍惜它們並學著善護它們。

照顧了當下，就照顧了未來。要為未來的平靜而努力，就是在當下找到平靜。

我們日常生活中往往有目標導向的傾向。我們知道要上哪兒去，非常專注地要到達那裡，有時候，這很管用，卻往往忘記享受一路的過程。

*Apranihita*是梵文，意謂「無願」（wishlessness）或「無作」（aimlessness），我們不必一直追逐某

些事，因為每件事都早已有了，已經在內心當中。我們常告訴自己：「別只是坐著，做點什麼吧！」但修習覺知之後，我們發現相反的情況還比較有用：「別只是做事，坐一下吧！」我們可以訓練自己在一天當中不時停下來，回到當下，放下憂慮和成見。只要我們身心平靜，便可以把情況看得一清二楚，也更知道該做什麼、不該做什麼，這是一個應該培養的好習性。

起初，「停下來」好似抗拒現代生活，其實不然，這不是被動反應；而是一種生活方式，人類要生存，得靠我們不再往前衝的能力。

停下來是禪修的第一個層面，第二個層面是深入觀察。一旦身心冷靜、平靜和喜悅，我們就可深入觀察困局，看到它的根源，融入智慧，促成轉化。

停下來，會給我們一些空間來觀察負面的念頭，卻不致陷入，這稱為純然的覺知（mere recognition），也讓我們感受到正向和療癒。我們修行的目的並非逃避生活，而是體驗並展示生命中的快樂，現在、未來皆有可能。

我們太習慣忙得團團轉，在家也一樣，甚難培養停下來的習慣。要是在房子裡到處放些視覺提示，便可溫和提醒我們：最好的停下時機就是現在，要覺知當下。我們可以寫一些小詩，稱為偈句（*gathas*），會有幫助，把它們放在你一定看得見的地方。以下是一些偈句，以及建議張貼的地方。

床頭櫃：

早晨起床，我微笑。
二十四個全新的鐘頭在我面前。
我願充分活出每個時刻

用慈悲之眼
觀照一切眾生。

浴室鏡子：

刷牙漱口
我願說淨語和愛語。
只要我的口因正語而芬芳
心中的花園便盛開出一朵花。

花瓶附近：

清水保持花朵新鮮。
花與我是一體。
花朵呼吸，我也呼吸。
花朵微笑，我也微笑。

花園邊：

水和陽光
綠了植物。

慈悲之雨落下
連沙漠都成了廣大無量的
綠海。

垃圾和再生資源桶邊：

垃圾中，我看見玫瑰。
玫瑰中，我看見垃圾。
萬事萬物都在轉化。
每一常態皆是無常。

清潔用品附近：

我清理時
這鮮潔、平靜的房間，
生起無量的喜悅
和能量。

掃帚旁：

我仔細掃覺醒之地時，
從大地

冒出智慧之樹。

水槽附近：

水自高山流下。
水在地底流動。
奇蹟似地，水流到我們這兒，
而且維持著一切生命。

電氣開關邊：

健忘是黑暗；
正念是光亮。
我讓覺知
照耀一切生命。

坐處附近：

感受來了又去了
如雲朵在刮著風的天空。

自覺地呼吸
是我的錨。

電腦附近：

心如電腦
有成千上百的頁面。
我選擇平靜的世界，
這樣，喜悅便一直新鮮。

呼吸房的門上：

進了房，
我看見真心。
我誓願一上座，
便停下一切擾動。

前門上：

我到了。
我在家了。

2

呼吸

就算你只停下來專注呼吸幾次，或一、兩分鐘，都很珍貴。

我們可以利用這些提示在日常生活當中助我們停下來。當你已設立好幫你停下來的提示——無論是佛壇、鐘響、磬聲、靜坐的角落或牆上掛的畫——不要忘記呼吸。有些人甚至用鳥鳴或狗吠，飛機飛過頭頂或救護車的笛聲當做提示，你甚至可以在牆上掛著一幅「呼吸」字樣的標誌，甚至把磬聲下載到電腦或手機上，讓它不時響一下，就算你只停下來專注呼吸幾次，或一、兩分鐘，都很珍貴。

正念呼吸把身心融合為一。日常生活中，你身體也許在這裡，心卻走上另一個方向，正念呼吸就像一座橋，把身心連接起來。吸氣時，知道你在吸氣，你就開始正念呼吸了。呼吸時，你可以對自己說：

吸氣，知道吸氣。
呼氣，知道呼氣。

這樣呼吸時，你只是認知吸氣是吸氣，呼氣是呼氣，很簡單，像小孩子遊戲，但結果很美妙。

雖然你專注呼吸，也不要太努力，讓呼吸輕鬆而無聲地流動，呼吸可以而且應該很愉悅。專注呼吸是使身體放鬆的方法，當你持續覺知呼吸，呼吸自然變得深沉而緩慢。呼吸時，可以告訴自己：

吸氣，
我覺知身體中的緊繃。
呼氣，
我釋放身體中的緊繃。

在我們忙碌的社會裡，還能不時靜坐並自覺地呼吸，是非常幸運的。一旦我們開始在家修習正念呼吸，就隨處、隨時都可以練習，無論工作、開車，還是坐在公車上。

我們可用許多練習來幫助我們自覺地呼吸，除了短暫的吸氣呼氣練習，還有四行偈句，或者說修行詩，我們呼吸時可無聲念誦：

吸氣，令身平靜。
呼氣，微笑。
安住當下。
我知道這是美好時光。

「吸氣，令身平靜。」念誦這句如熱天飲冷水，你會感到涼冽瀰漫全身。當我吸氣並念誦這個句子，我真的覺得呼吸能平靜身心。

「呼氣，微笑。」微笑可以放鬆臉部幾百條肌肉。微笑表示你充分掌握自己。

「安住當下。」我坐著，不想其他事；我坐著，我明確知道我在哪裡。

「我知道這是美好時光。」坐著，安穩地、自在地，回到自己的呼吸、輕鬆的微笑和本質，是一種愉悅，我們和生命的約會就在當下。如果現在沒有平靜和喜悅，那我們明天或明天以後怎會有平靜和喜悅？什麼讓我現在沒法快樂？我們跟隨呼吸時，可以把句子縮短，只說：

平靜，

微笑，

當下。

美好時光。

我們一面練習自覺地呼吸，思考便放慢下來，可以給身心真正的休息。只要我們繼續吸氣和呼吸幾分鐘，我們就會感到異常清新。

3
禪坐

坐著，就享受坐著；不需達成什麼目標。
每一禪坐的時刻都把你帶回生命。

轉化家庭空間最重要的方法就是，打造一處禪坐的地方。創造一個靜坐區域會轉化整個房子的氛圍，這也是一個支助禪修的重要方法。如果你每天坐在同樣的地方，我們便越來越快記起要停下來並且回到呼吸。這裡，就在這個地方，身、心可以幫助彼此放鬆。理想上，這地方應該是專門為禪坐和自覺呼吸的地方，不是你經常坐著閱讀的搖椅，也不是跟朋友、家人一起坐著的沙發。

如果能夠的話，你可坐在地板上，當然也可坐在椅子上。坐在地板上時，最好用個蒲團（zafu），也就是禪修座墊，蒲團的厚度和硬度應剛好適宜，令你感到支持和舒適。你可用兩個或者根本不用。如果坐在蒲團上令你膝蓋或下背不舒服，也可以用跪坐的小凳（seiza），這是一種很低的禪坐板凳，可以讓你跪著，同時也得到支持。無論選擇怎樣的姿勢，都要努力保持脊椎挺直，手掌輕放膝頭。如果坐姿太痛苦，也可仰臥，兩腿盡量伸直，雙手放在身體兩側。

如果夠柔軟，可以坐成雙盤的姿勢，這是非常穩定的姿勢，兩隻腳靠在對面的大腿上，膝蓋應可碰到地板。單盤的姿勢則只有一隻腳靠在對面的大腿上。要不然，你也可以只是交足坐著，或用跪坐（chrysanthemum position），也就是說，用一種你感到舒服的姿勢。

關鍵是穩定，找個令你感覺身心自在的姿勢，感覺你好像可以碰觸快樂。一旦找到穩定的姿勢，就可久坐。

安頓下來之後，呼吸時對自己說：

吸氣，我看自己是一座山。

呼氣，我覺得堅實。

坐著，易於把身體的動作停下來，又可幫助你把心中不停的動作停下來。坐著，就享受坐著；不需達成什麼目標。每一禪坐的時刻都把你帶回到生命。

有時候你可能以為禪坐非常困難，但只要你能夠停下來，感覺自在，就會非常容易。禪坐強迫身體停下來。一旦能夠停下來，先是身體，然後是心，你就平靜下來了。一開始先停下身體的騷動，身體穩定了，心也會穩定下來。

正念中有專注，置身當下和覺知已是專注了。禪修就是保持活生生的正念和專注。我們選擇一個專注的目標，可以是本書中的一句偈語、希望更了解的人或情況，也可以是我們處在其中的困境。專注包含智慧，於是我們會有更多智慧和慈悲，以嶄新的方式來看待事物。

禪坐時，我幾乎不用思考，不會努力去分析事情或解決複雜的問題。思考需要繁重的內心工作，會很疲憊。若我們安住於覺知、知道念頭和情緒出現，甚或深入觀察念頭和情緒，就大大不同了。我們一般認為禪修需要動員大量大腦灰質，其實不然，禪修並不是吃重的勞動，反而讓心休息。

我們所觀察和體驗的萬事萬物，都被我們的

認知❶上了色，我們許多對於自己和他人的認知都是錯誤，一旦停下來、平靜下來、深入觀察，我們就可以突破原來先入為主的想法，觸到事物的真實本質。

心創造了萬事萬物。覆蓋了美麗白雪的雄偉山巔，觀照時就是你自己。它的存在是靠覺知。

❶此處認知指想蘊。

閉上眼睛，只要心還在，山就在。如果眼睛閉上，心看得更清楚。禪坐時，有幾個根門是關閉的，你會感到宇宙的存在，因為心一直都存在。

影像和聲音不是敵人，不必視為分心，反可以是覺知領域的一部分，要不然就像背景中的鳥鳴。只有健忘或缺乏正念時，才會分心。

4

呼吸室

有了呼吸室，就有了皈依處，也就是一處可回到自己和平靜感的地方。

每個家，不管多小，都可以有一間呼吸室。我們可能有一個房間做其他事——浴室、臥房、客廳——但是我們大部分人都沒有一間給自己呼吸和內心平靜的房間。如果你住在小套房，沒有足夠的空間來安排一整個房間，也不妨設一個呼吸的空間或呼吸的角落。

呼吸室是一個聖潔的地方，不需要家具，也許只要一兩個座墊，也許一個佛壇或者一張插著鮮花的桌子。還可以有一個磬來助你停下和正念呼吸。

仔細想想這房間或這角落的擺設。通常，你多享受在一個特定地方，大多是靠著這房間所產生的能量。一間房可以裝飾得很好，但是感覺冷冷的或不夠友善；另一間房缺乏色彩和家具，卻感覺單純、空間大，而且舒適。如果你和其他人共住，你們應該一起設計並裝飾這空間，也許用鮮花、小石子或照片。不要放太多東西，最重要的元素就是可坐而且感覺平靜的地方。

在事前需要有一個協議，每個人都尊重這呼吸的區域。你一進入呼吸室或呼吸角，就沒人能吼你，你有了免疫。你若聽到家人在呼吸室，便應壓低聲音來表示支持，要不然就一起加入。如果你非常生氣，不妨進呼吸室，讓頭腦重新恢復清明。

當你覺得掉舉不安、悲傷或憤怒，可進入呼吸室，關上門，坐下來，請磬——禪宗傳統不說我們鳴磬或敲磬，而用「請磬棒」（inviter）（通常是一根木棒）來「請」（invite）磬，並練習正念呼吸。只要你這樣呼吸了十或十五分鐘，你會好受很多。若沒有這樣的房間，你即使在家都可能沒法休息一下。你可能躁動不安、跟人生氣或悲傷，你只要在呼吸室花幾分鐘，都可以減輕痛苦，更能了解不自在的源頭。

有一次我問一個小男孩：「孩子，要是父母很生氣地說話，你有沒有辦法幫助他們？」孩子搖搖頭：「我不知道該怎麼辦，我很害怕，想離家出走。」孩子最近才學到呼吸室這回事，所以我說：「要是家裡的大人生氣了，你可以邀請媽媽或爸爸進入呼吸室，和你一起呼吸。」

家裡任何人需要的時候，都可進入呼吸室，請磬，坐下來，這會幫助家裡每一個人呼吸並回到自己。

就算你獨居，還是需要一間呼吸室，不然就沒有一處單獨的地方幫助你的心回到自己，房子就會充滿你的躁動不安。

一旦進入呼吸室，你就隔絕了內在和周遭的沮喪和憤怒，呼吸室裡不說話、不爭論，也不把事情理出頭緒，你不過就坐著並且呼吸。如果你有一間呼吸室，你就有了皈依處，一個你在家裡可以一直回到自己、找回平靜感的地方。

呼吸室不必是家裡唯一平靜和安靜的房間，把起居室佈置成真正的起居室，一間沒電視和電腦的房間，家人可以有這樣的共識：起居室是大家共處的地方，享受彼此，相互聊天，真正相互聆聽的地方，我們要把每個房間、每個角落都變成人們能夠呼吸的平靜之處。

5

請磬

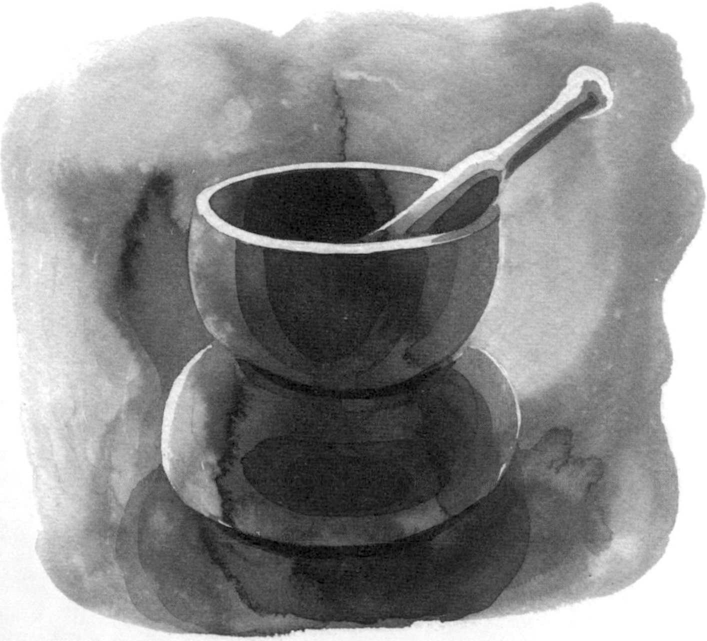

磬聲提醒我們專注呼吸，回到自己。

呼吸室裡最好有個小磬。磬聲提醒我們專注呼吸，回到自己。佛教說磬聲是佛音，召喚我們觸動內在的喜悅和平靜。聽到教堂的鐘聲或其他禱告的召喚，你也會有同樣的回應。

你可以響一次，開始禪修；再響一次，結束禪修。如果你願意，禪修當中也可響一次，引導閒逛的心回到身體的家。

在家裡的忙碌地方放置一個小磬也不錯，像是餐桌或起居室中。要是溝通時有很多雜音，任何人都可以、而且每一個人都要同意：一聽到，就要停下來，正念呼吸三次，然後才回到原來做的事。

在一群人裡，誰先決定請磬就是當時的「請磬師」，請磬師懷著正念，首先輕輕地碰觸，「喚醒」它，然後吸氣、呼氣，再請出磬的整個聲音。

當你請磬時，可以對自己說以下的話，第一行吸氣，第二行呼氣：

聽啊，聽啊

這美妙的聲音把我帶回

真正的家

只要你放鬆地深入諦聽磬聲，就會很享受吸氣和呼氣，也很享受磬聲。這時，你把身體和情緒平靜下來，停止了所有思考。如果你每天花十、二十或三十分鐘用磬來修習呼吸，你就會重新恢復——平靜、喜悅和自在。呼吸和諦聽磬聲時，你深刻碰觸到你是活生生的這個事實。活著是奇觀，呼吸本身就是一個奇蹟。

6

冰箱裡的蛋糕

你可用「冰箱裡的蛋糕」的修行來恢復和諧。

這蛋糕不是海綿蛋糕那種用麵粉和糖做成的，而是你吃都吃不完的蛋糕。

若是家裡因為孩子或大人在爭執或哭喊，氣氛變得緊繃，你可以用「冰箱裡的蛋糕」的修行來恢復和諧。首先吸氣呼氣三次，然後對跟你吵架的人（或者對彼此生氣的人）說：「我記得冰箱裡有個蛋糕。」冰箱裡是不是真的有一個蛋糕不要緊。

說「冰箱裡有一個蛋糕」其實是說「我們別再讓彼此受苦了」。蛋糕是個很有用的工具，可以讓人們離開危險的狀況。有人可以到冰箱去找那個蛋糕（或任何好吃的東西），有人可以把盤子和叉子擺出來，這給每個人一個理由離開爭執，有一些空間呼吸。當你打開冰箱拿出蛋糕，燒點水來沖茶，你可跟隨呼吸，身心上會輕鬆許多。

其他人準備茶和蛋糕的當兒，生氣的人有機會平靜地呼吸，這樣才可以用輕鬆而且充滿了理解的氣氛參加小茶會。如果你準備好茶和茶食，對方還不來，你可以溫柔地說：「請你，來跟我喝點茶，吃點蛋糕。」

無論你用不用「冰箱裡的蛋糕」的修行、請磬、或同在呼吸室，只要家人花時間修行，都會加深家中平靜與和諧的感覺。靜默地呼吸會讓你體味愛和平靜的感覺，沒人再需要說什麼了。

一家人能一起修行，會有許多機會增加相互理解，更加相愛，每一天，每一個時刻，都是機會，可以重新開始，把心門打開，一同為家人、世界和自己的轉化和療癒而修行。

7

擺設佛壇

家中佛壇是對祖先和周遭世界表示尊重，也提醒我們，
我們所愛和所尊重的，同時也在我們內心當中。

在呼吸室或呼吸角落裡，不妨考慮設一座佛壇。我在法國的道場有一座佛壇，上供佛陀和耶穌的聖像。每一次燃香，都感受到兩位是我心靈的祖先。當你接觸到真正代表某種傳承的人，接觸到的便不只是他們的傳統，也接觸到自己的傳統。

東亞的每個家庭都有佛壇，每當家裡有重大事件，像是孩子出生，我們就上香稟告祖先這個消息。如果兒子要進大學，我們會上供，稟告明天兒子就要上大學去了。要是旅行很久才回到家中，第一件事就是上香稟告祖先，我們回到家了。

把血緣祖先和心靈祖先的像同放在佛壇上，令我們感覺向下扎根。如果找到一個方法來珍惜並培養我們的心靈傳統，我們就更能感到自己是一個整體。若學著深度碰觸我們傳統中最精華的部分，我們便能夠了解並且欣賞我們傳統的價值，對每一個人都有利。

佛壇上，你可放一個磬，一個香座，小小的像，一兩根蠟燭、鮮花或小石子，凡是你覺得重要的都可以放在那裡。最好是每個住在家裡的人都感到跟佛壇的聯繫，如果他們想加點什麼東西，可以到大自然裡頭走一走，帶回一些象徵美麗、堅固或良善的東西，也許是一塊石頭、一片樹葉、一顆松果或一朵花。

如果有話語可幫你穩定重心，你也可以把它們加在佛壇上，有些人寫上呼吸修行的字詞：

吸，呼
深長，緩慢
平靜，自在
微笑，放鬆

當下，美好時光

你也可以寫下其他的關鍵字，跟它們在一起既覺得很自在，又能在一天之中提醒你正念呼吸。

在佛壇上安置物品，並不要你頂禮膜拜這些東西。舉例來說，在佛壇上放置佛像，是提醒我們正念、覺醒、愛和接納的能力。打造並維持一個家中佛壇，是對周遭世界、我們的祖先和大自然表示尊重，同時提醒我們，我們所愛和所尊重的，也在我們內心當中。

8 慈心禪

愛，首先要如實接納自己。

Metta 就是慈愛（loving kindness）。愛，首先要如實接納自己。修習慈愛或慈心禪時，就能看到我們之所以成為我們的因緣條件，這樣便容易接納自己——自己的苦與樂。

練習停下來並觀察呼吸時，我們會觀察到自己已有多少的平靜、快樂和輕安，心中又有多少憤怒、惱恨、恐懼、焦慮和憂心。我們知道自己的感受之後，就更了解自我。我們看到恐懼和不平靜如何令我們不快樂，也看到愛自己和培養慈悲心有多重要。

坐著不動，將身體和呼吸平靜下來，並對自己念誦。只要坐著不動，就不會被其他事分了心，就可以如實深入觀察自己，培育對自己的愛，決定你如何把愛向世界最充分地表達出來。

願我身心平靜、快樂和輕安。

願我安全，不受任何傷害。
願我沒有瞋恨、煩惱、恐懼和焦慮。

在自己身上練習愛的禪修，先用「我」這個代名詞。你能夠喜愛自己、關懷自己之後，才有辦法幫助他人。然後在其他人身上練習，用「他、她或他們」來取代「我」，首先對你喜歡的人，再對中性的人，然後對所愛的人，最後對只要一想到就令你受苦的人。

人類是由五元素所組成：色蘊（身體）、受蘊（感受）、想蘊（認知）、行蘊（想法、觀念、念頭）和識蘊[1]，這些要素是你的領域，你所占領的空間，若要知道心中真正的情況，你必須知道自己的領域，包括在內心彼此交鋒的元素。為了要達到和諧、和解與療癒，你必須先了解自己。深入觀察並傾聽，俯瞰所在之地，是愛

❶識蘊即心識。

的修行的開始。

如果願意，你可用以下發願繼續慈心禪。

願我身心平靜、快樂和輕安。

願她身心平靜、快樂和輕安。

願他身心平靜、快樂和輕安。

願他們身心平靜、快樂和輕安。

願我安全，不受任何傷害。
願她安全，不受任何傷害。
願他安全，不受任何傷害。
願他們安全，不受任何傷害。

願我沒有瞋恨、煩惱、恐懼和焦慮。
願她沒有瞋恨、煩惱、恐懼和焦慮。
願他沒有瞋恨、煩惱、恐懼和焦慮。
願他們沒有瞋恨、煩惱、恐懼和焦慮。

願我學著用智慧和愛之眼來觀照自己。
願她學著用智慧和愛之眼來觀照自己。
願他學著用智慧和愛之眼來觀照自己。
願他們學著用智慧和愛之眼來觀照自己。

願我能識別並觸動內心喜悅和快樂的種子。
願她能識別並觸動內心喜悅和快樂的種子。
願他能識別並觸動內心喜悅和快樂的種子。
願他們能識別並觸動內心喜悅和快樂的種子。

願我學著辨認並看見內心貪瞋癡的根源。
願她學著辨認並看見內心貪瞋癡的根源。
願他學著辨認並看見內心貪瞋癡的根源。
願他們學著辨認並看見內心貪瞋癡的根源。

願我懂得如何每天滋養喜悅的種子。
願她懂得如何每天滋養喜悅的種子。
願他懂得如何每天滋養喜悅的種子。
願他們懂得如何每天滋養喜悅的種子。

願我能夠活得清新、充實而解脫。
願她能夠活得清新、充實而解脫。
願他能夠活得清新、充實而解脫。
願他們能夠活得清新、充實而解脫。

願我沒有貪瞋，但不致冷漠。
願她沒有貪瞋，但不致冷漠。
願他沒有貪瞋，但不致冷漠。
願他們沒有貪瞋，但不致冷漠。

我們以「願我……」的希願起頭，然後超越發願的層次，用整個生命來觀照、來理解。愛的意願還不是愛，還要能深入觀照自己、另一人或另一群人，愛的誓願才成為深刻的意向，愛才會進入我們的思想、言語和行動，我們身心便更平靜、快樂和輕安。

9

烹調和進食

有機會坐下來並享受一餐飯，非常珍貴。

正念進食是禪修很重要的一部分——從切菜，到有覺知地進食，到收拾。一有了正念，我們就會看到許多元素——雨、陽光、大地、還有農人、司機、販賣食物的人和廚子的勞力，都為美妙的一餐聚集起來。只要我們正念地進食，就會看到整個宇宙都支持著我們的生命存在。

有機會坐下來並享受一餐飯，是非常珍貴的，不是每個人都有這樣的機會，世上有許多人在挨餓。當我捧著一碗飯，或一片麵包，我知道自己很幸運，我對沒有東西吃或沒有朋友、家人的人懷著悲心，我們在餐桌上就可以知道這些情形。正念進食可培養慈悲和智慧的種子，這些種子會在我們內心發芽成長，並使我們決心要滋養飢餓和孤獨的人。

這碟食物

既鮮香又美味

也蘊藏著許多痛苦

廚房應該是一個禪修的處所，你也許可以打造一個廚房中的佛壇，來提醒自己要懷著正念烹調。這可以只是個小架子，只要有足夠空間置放香座、小小的花瓶、一塊美麗的石頭、一幅小小的祖先或心靈導師的圖像，或一尊佛、菩薩像——只要是對你有意義的都行。進入廚房之後，你先上香，再練習正念呼吸，然後才開始工作。

烹飪的時候，多預留些時間就不會趕。要知道你和你為之烹調的人，都靠著這些食物，這種覺知會幫助你烹煮健康的食物，並注入愛和正念。

食物上桌，每一個人都坐下來了，練習三次正念呼吸再開始進食。你可以說：

吸氣，令身平靜。

呼氣，微笑。

如果你一個人吃，要決定只是吃，只要和食物同在，不要一面吃一面閱讀或聽收音機。如果你和其他人一起吃，花些時間真正注視每一個人並微笑。和其他人一起圍坐一張桌子是個好機會，可以給予真正的友誼和智慧的微笑。這很容易，卻不是很多人都做得到。對我而言，修行最重要的一部分就是注視每一個人並微笑。如果一起吃飯的人不能對彼此微笑，那就有點不對勁了。

呼吸和微笑之後，低下頭看食物，讓它變成真真實實的。這些食物揭露你和地球的聯繫，每一口都包含著太陽和大地的生命，食物本身能透露出多少，就要看你了，你可以在一片麵包中看到並嚐到整個宇宙！觀照食物幾秒鐘，然後再吃，而且正念地吃，能為你帶來很多幸福。你可以說：

在這食物中

我清楚看到
整個宇宙
在支持我的生命存在

吃完了，花些時間注意你的碗盤中已經空了，饑餓已經飽足了，你可說以下的話，來花點時間感謝有這個滋養的食物可吃，支持你走在愛和智慧的道路上：

盤子空了
饑餓飽足了
我發願
爲利益眾生而活

當你清理廚房或洗碗，要像為小孩洗浴一樣，感受到內心和周遭的喜悅和平靜，你可以對自己說：

洗碗
猶如爲嬰兒洗浴
世俗就是聖潔
凡心即是覺心

即使跟家人和朋友一起吃飯，也可不時試試靜默地進食。這樣可讓你看到食物和朋友的珍貴，以及大地和許多物種的密切關聯，每一葉蔬菜、每一滴水、每一片麵包，其中都有地球和整個宇宙的生命，每一口都可嚐到生命的意義和價值。

第一次安靜地進食，也許會覺得有點彆扭，但只要習慣了，安靜地吃便可帶來許多平靜、喜悅和輕安。正如進食前關掉電視，我們也「關掉」談話，便更能享受食物和彼此的存在。

食前觀照

有一種正念進食的方法就是，進食前讀或念誦五觀（Five Contemplations）或青年六觀（Six Contemplations for Young People）。你可寫在海報紙或卡片上，貼在進食時看得見的地方。

五觀[1]

一、這些食物是整個宇宙、大地、天空和辛勤勞動的禮物。

二、願我們正念進食，以值得受用這些食物。

---

❶祖師曾云：「終日吃飯，未曾咬著一粒米。」即指進食時，當收攝自心，食存五觀，即：

（一）計功多少，量彼來處（粥飯得來不易，需要眾人和其他條件共同成就，應有惜福感恩之心）。

（二）忖己德行，全缺應供（檢討自己的德行，是否具足戒定慧三學，應保持慚愧之心）。

（三）防心離過，貪等為宗（須防心離於貪瞋癡三過：於美味食物不起貪心，見下味食不起瞋心，時時起覺照，應保持離欲之心）。

（四）正事良藥，為療形枯（應視飲食為滋養色身之藥，心不起貪著，應有警覺之心）。

（五）為成道業，應受此食（一切所食皆為資身修道之用，應保持精進之心）。

三、願我們轉化不善巧的心念，學著適量進食。
四、願我們僅取用能滋養我們、預防疾病的食物。
五、願受此食，以實現智慧和愛的道路。

有孩子的家庭還可做以下的觀想。

青年六觀

一、這些食物是整個宇宙：大地、天空、雨和太陽的禮物。

二、感謝成就這食物的人，尤其是農夫、市場的工作人員和廚師。

三、我們在盤子中只放上自己吃得完的食物。

四、我們要細嚼慢嚥來享受食物。

五、這食物提供我們修行的能量，使我們更慈愛、更智慧。

六、為增進健康和快樂，為如家人一般相愛，願受此食。

10 睡眠

深度放鬆可滋養你，讓你休息。

床應是真正休息和復元之處，但我們經常思考太多，以致無法放鬆下來入睡。思考當然重要，但我們很多思考是無益的。每個人都好像頭裡有個日夜不停播放的錄音，想這想那，停不下來。我們可按下「停」鍵讓錄音安靜下來，但思考沒有「停」鍵。我們會想很多、憂慮很多，睡不著，要不然就做惡夢。如果請醫生開安眠藥或鎮定劑，情況更糟，因為那種睡眠得不到真正的休息，而且持續用藥還會染上藥癮。

深度放鬆

如果你很難入睡，深度放鬆會有幫助。醒著躺在床上，你可以吸氣並呼氣，練習完全放鬆，有時可助你入睡；即使不入睡，這個練習還是非常好，因為會滋養你，讓你休息。

運用想像出來的正念光束，掃描身體，吸氣並呼氣，將注意力帶到身體每個部位，擁抱它，把愛和關懷帶到每個部位。如果身體上哪個部位需要療癒，可以用懷有愛的覺知，多花些時間擁抱並關懷那個部位，你可以做一份個人的練習錄音來跟著練習。

慢慢地練習，仰躺在床上，手臂放在身體兩側，讓自己非常舒適，任身體放鬆，覺知身體之下的床，讓床支持著你，知道你吸氣和呼氣，還有腹部的起伏。

要產生正念的能量，觀想你的眼睛，對它們微笑。我們仍有一對健康的眼睛，是一個快樂的因緣，讓眼睛放鬆，放下眼睛四周細小肌肉中的緊繃。把愛和關懷送給眼睛，靜默地對自己是說：

吸氣，覺知眼睛。

呼氣，對眼睛微笑。

吸氣，覺知嘴部；呼氣，放鬆嘴部，釋放上下顎和喉嚨的緊繃，讓嘴唇綻放溫柔的微笑，釋放臉部的肌肉。

吸氣，覺知肩膀；呼氣，放鬆肩膀，釋放重擔。

用正念的能量，擁抱你的心臟，對它微笑。

你因為工作、飲食、管理焦慮和壓力，已很長一段時間疏忽心臟了。心臟為你日夜跳動，用正念和溫柔擁抱你的心臟，與它和解，照顧它，靜默地對自己說：

吸氣，覺知心臟。
呼氣，對心臟微笑。

吸氣，覺知肝臟；用溫柔、愛和慈悲來擁抱肝臟，將它捧在正念和微笑當中。

吸氣，覺知腿、腳踝、腳，然後腳趾，放鬆所有肌肉。你也許喜歡動一動腳趾，讓緊綳流走。

吸氣，你整個身體都覺得很輕安，好像水面的浮萍，沒有地方要去，沒有事情要做，像藍天浮雲一般自由。

只要你有空間能夠舒服地躺下來，可以每天

在家練習深度的放鬆。若沒有時間做整套練習，你也可以選一、兩個身體部位來專注，練習放鬆。

你隨時都可以和家人一起做深入的放鬆，某個人可以帶領，用前述所說的提示。一旦做完了身體掃描，每個人都放鬆了，帶領人可以放音樂，或柔和地唱幾分鐘，靜默一陣之後，帶領人可以帶大家回到覺知呼吸，以及腹部的起伏。再覺知手臂和腿，也許動一動，伸展一下。然後，每個人都慢慢地轉到一側，坐起來。一旦可以了，就慢慢站起來。

只要我們能夠休息，每件事都變得比較簡單。如果家是可以休息的地方，就成了庇護所，因為無論大人和小孩、老師和學生、醫生和病人、朋友和同事，都需要一個停下來和休息的地方。把家變成一處練習深度放鬆、停下來、呼吸、正念生活的地方，我們就能休息、療癒、恢復我們的身心健康，並和他人分享自己的健康，我們便能夠將自己發揮到極致。

作者簡介

釋一行
禪師、詩人、和平倡議者

一行禪師居住在法國西南的梅村道場和修行中心，與達賴喇嘛同為最具影響力的佛法老師，同時也是佛教和平運動的主要發言人，他終生倡議和平、人權和社會公義。

一行禪師的教法極為重視將古老智慧用於日常生活，他嘗言：「離開日常生活，就不可能有開悟。」親身臨在每一時刻，才能帶來幸福。只要把身心帶至當下，我們就會體驗到平靜，與人性、整個生命的統一。

一行禪師俗名阮春保（Nguyen Xuan Bao），一九二六年生於越南中部，時值法國嚴苛的殖民統治時期，十六歲進入順化市外的慈孝寺（Tu Hieu）開始接受沙彌教育。

受具足戒之後，一行禪師轉往西貢，成為《越南佛教》（*Vietnamese Buddhism*）的編輯，這份期刊鼓舞著年輕的佛教徒與和平倡議者。

一九五四年，越南一分為二，美國支持的吳廷琰政權得以立足於南部，美國的占領和戰爭自此開始。

一九六三年，一行禪師接受獎學金就讀於普林斯頓大學，後來任教於紐約市的哥倫比亞大學。一九六四年返回西貢，創立社會服務青年學校（School of Youth for Social Service, SYSS），做為（後來稱為）「入世佛教」的範例。該校訓練有抱負的年輕比丘、比丘尼、在家人做社會工作者，在戰爭期間救濟人民。他們協助重建村莊並安置難民，同時為被戰爭摧毀生活的人們提供食物、教育、醫療和法律援助，以及心靈支柱。那段期間該校學生有不少死傷。

一九六六年，一行禪師創立「相即社」

（Tiep Hien Order），又稱「互即互入的原則」（The Order of Interbeing），該社奉獻於佛法、正念、社會責任和非暴力的修行。兩年後他赴美告知人們戰爭的影響並呼籲和平，當他的努力傳到越南，政府拒絕他返國，最終只得安頓於法國。自一九六九年起，他在美國和北越的巴黎和談當中代表佛教和平代表團（Buddhist Peace Delegation），大聲疾呼越南老百姓渴盼和平與停戰。一九七五年和平協定簽訂，戰爭終止，他希望能返回家鄉，但新組的越南政府依舊視他為敵人，因為他在越戰中並未表明立場，於是他被迫繼續流亡。

一九八二年，一行禪師創立梅村，來自許多國家的比丘、比丘尼、在家人終年共住，形成僧團，或稱為心靈家族。社區既盼見世界和平，於是藉著共住，努力經營那樣的和平。修行中心歡迎世界各地的在家修行人和家庭來此停留一週或以上。巴勒斯坦人和以色列人每年來到梅村舉行特別的禪修營，稱為「和平自此開始」（Peace Begins Here）；許多美國的越戰退伍軍人也來到梅村或參加閉關禪修營，發現了平靜與決心。

二〇〇五年一月，三十九年來首次，一行禪師獲准返回越南三個月。在此期間，他弘法、會晤舊友、同事、政府領導官員，並向好幾所寺院介紹梅村的修行。二〇〇七年和二〇〇八年又有兩次返國。一行禪師至今持續寫作、開示、帶領禪修，並致力於向世人推廣正念修行。

梅村簡介

梅村位於法國西南部，是一行禪師於一九八二年創立的修習中心。其後，禪師亦在美國、德國及亞洲等地設立禪修中心，歡迎個人或家庭來參加一天或更長時間的正念修習。如欲查詢或報名，請聯絡各中心：

Plum Village

13 Martineau

33580 Dieulivol

France

Tel: (33) 5 56 61 66 88

info@plumvillage.org

Deer Park Monastery

2499 Melru Lane

Escondido, CA 92026

USA

Tel: (1) 760 291-1003

deerpark@plumvillage.org

www.deerparkmonastery.org

Blue Cliff Monastery

3 Hotel Road

Pine Bush, NY 12566

USA

Tel: (1) 845 733-4959

www.bluecliffmonastery.org

European Institute of Applied Buddhism

Schaumburgweg 3,

D-51545 Waldbröl,

Germany

Tel: +49 (0) 2291 907 1373

www.eiab.eu

善知識系列　JB0092

回到家，我看見眞心：讓家成爲修行的空間

作　　者／一行禪師
譯　　者／雷叔雲
編　　輯／丁品方
業　　務／顏宏紋

總 編 輯／張嘉芳
出　　版／橡樹林文化
城邦文化事業股份有限公司
104台北市民生東路二段141號5樓
電話：(02)25007696　傳眞：(02)25001951
發　　行／英屬蓋曼群島家庭傳媒股份有限公司城邦分公司
104台北市民生東路二段141號2樓
客服服務專線：(02)25007718；(02)25001991
24小時傳眞專線：(02)25001990；(02)25001991
服務時間：週一至週五上午09:30-12:00；下午13:30-17:00
劃撥帳號：19863813；戶名：書虫股份有限公司
讀者服務信箱：service@readingclub.com.tw
香港發行所／城邦（香港）出版集團有限公司
香港灣仔駱克道193號東超商業中心1樓
電話：(852)25086231　傳眞：(852)25789337
E-mail：hkcite@biznetvigator.com
馬新發行所／城邦（馬新）出版集團
【Cité (M) Sdn.Bhd. (458372 U)】
41, Jalan Radin Anum, Bandar Baru Sri Petaling,
57000 Kuala Lumpur, Malaysia.
電話: (603) 90578822
傳眞 :(603) 90576622
email:cite@cite.com.my

版面構成／歐陽碧智
封面設計／周家瑤
印　　刷／韋懋實業有限公司

初版一刷／2014年1月
初版二刷／2022年2月
ISBN／978-986-6409-69-1
定價／220元

城邦讀書花園
www.cite.com.tw

國家圖書館出版品預行編目資料

回到家，我看見真心：讓家成為修行的空間 / 一行禪師(Thich Nhat Hanh)著；雷叔雲譯. -- 初版. -- 臺北市：橡樹林文化，城邦文化出版：家庭傳媒城邦分公司發行, 2014.01

面； 公分. --（善知識系列；JB0092）

譯自：Making space : Creating a home meditation practice

ISBN 978-986-6409-69-1（平裝）

1. 佛教修持

225.87 102025452

廣 告 回 函
北區郵政管理局登記證
北 台 字 第 10158 號

郵資已付　免貼郵票

104 台北市中山區民生東路二段 141 號 5 樓

城邦文化事業股份有限公司

橡樹林出版事業部　收

請沿虛線剪下對折裝訂寄回，謝謝！

橡樹林

書名：回到家，我看見真心：讓家成為修行的空間　書號：JB0092

橡樹林文化
讀者回函卡

感謝您對橡樹林出版社之支持，請將您的建議提供給我們參考與改進；請別忘了給我們一些鼓勵，我們會更加努力，出版好書與您結緣。

姓名：______________________ □女 □男 生日：西元__________年

Email：____

● 您從何處知道此書？

□書店 □書訊 □書評 □報紙 □廣播 □網路 □廣告 DM □親友介紹

□橡樹林電子報 □其他______________

● 您以何種方式購買本書？

□誠品書店 □誠品網路書店 □金石堂書店 □金石堂網路書店

□博客來網路書店 □其他______________

● 您希望我們未來出版哪一種主題的書？（可複選）

□佛法生活應用 □教理 □實修法門介紹 □大師開示 □大師傳記

□佛教圖解百科 □其他______________

● 您對本書的建議：

____

____

____

____

____

____

非常感謝您提供基本資料，基於行銷及客戶管理或其他合於營業登記項目或章程所定業務需要之目的，家庭傳媒集團（即英屬蓋曼群商家庭傳媒股份有限公司城邦分公司、城邦文化事業股份有限公司、書虫股份有限公司、墨刻出版股份有限公司、城邦原創股份有限公司）於本集團之營運期間及地區內，將不定期以 MAIL 訊息發送方式，利用您的個人資料於提供讀者產品相關之消費與活動訊息，如您有依照個資法第三條或其他需服務之務，得致電本公司客服。

我已經完全瞭解左述內容，並同意本人資料依上述範圍內使用。

______________________（簽名）

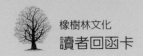